Inhalt

Herdentiere. Der Leithengst, mehrere Stuten und die Jungtiere leben gern zusammen.

Sie haben ein Bedürfnis nach Kontakt und Zuwendung. Oft kraulen sie sich gegenseitig den Hals und die Mähne, dies dient der Hautpflege, ist aber auch ein Zeichen der Sympathie.

Um sich den Rücken zu kratzen, wälzen sie sich auf der Weide.

Tarpane sind hartnäckig, widerstandsfähig, fruchtbar, zäh und eigensinnig. Behandelt man sie gut, vertrauen sie dem Menschen. Trotzdem bleiben sie schreckhaft. Schnelligkeit, Kraft und Ausdauer sind ihre Hauptwaffen gegen Feinde.

Tarpane waren wilde Vorfahren unserer Pferde. Sie lebten in den Steppen und Wäldern von Mitteleuropa bis Zentralasien, wurden aber vom Menschen ausgerottet. Der dunkle „Aalstrich" auf dem Rücken ist ein rassetypisches Merkmal. Die heutigen Tarpane sind keine echten Wildpferde, sie wurden aus Hauspferden rückgezüchtet, die dem Tarpan sehr ähnlich sind.
Die Schulterhöhe beträgt 1,3 m, sie können 250 kg schwer und bis zu 30 Jahre alt werden.

Tarpane können gut hören, riechen und gut und weit sehen.
Ihre Augen sind seitlich angeordnet, so haben sie fast eine Rundumsicht. Nur was direkt vor ihnen liegt, können sie schlecht sehen und drehen deshalb den Kopf.
Wie unsere Hauspferde auch, sind Tarpane

Der Pferdehuf entspricht dem Mittelfinger unserer Hand bzw. dem mittleren Zeh unseres Fußes. Er ist von einer harten Hornschicht umkleidet.

Das Alter eines Tarpans kann man am Gebiss ablesen.
Ab dem 3. Lebensjahr beginnen die bleibenden Zähne die Milchzähne zu ersetzen. Im 5. Jahr ist das Gebiss vollständig und umfasst 12 Schneidezähne und 24 Backenzähne. Sie haben also 4 Backenzähne mehr als die Menschen.

Feinde

Die Feinde des Waldtarpans sind der Wolf und der Braunbär.

Nahrung

Sie fressen überwiegend Hafer und Heu, Gras, Pflanzen und Kleie (die Randschichten des Korns, die bei der Herstellung von Auszugsmehlen als „Abfallprodukt" entstehen, jedoch sehr gesund sind).
Als Leckerbissen fressen sie gern Möhren, Äpfel, Rüben, Johannisbrot und Zucker. (Der ist aber ungesund und schädigt die Zähne.)

Die sechs Tarpane Bubi, Grobi, Leila, Mausi, Edda und Lilly haben eine große Koppel zum Laufen und Traben. Es gibt auch einen Stall, in dem sie sich bei schlechtem Wetter aufhalten können.
Die Tarpane tragen keine Hufeisen, da sie keine Nutztiere sind, also zum Beispiel nicht vor eine Kutsche gespannt werden.

Nachwuchs

Die Paarungszeit der Tarpane ist im Frühjahr. Der Leithengst erobert seinen Platz in der Herde. Nur er „deckt" die Stuten. Diese sind etwa 340 Tage lang trächtig, dann bringen sie ein 27–54 kg schweres Fohlen zur Welt, das bei der Geburt schon 1 m lang ist. Die Geburt dauert etwa eine halbe Stunde, bei erfahrenen Stuten auch weniger. Die Fohlen werden mit den Vorderfüßen und dem Kopf zuerst geboren. Normalerweise muss niemand helfen. Nach der Geburt leckt die Stute ihr Fohlen sauber. Dadurch wird auch die Durchblutung angeregt.
Schon nach kurzer Zeit steht das Fohlen allein auf seinen Beinen und beginnt die

Muttermilch zu saugen. Das tut es dann etwa 1 Jahr lang. Seinen Vater kennt das Fohlen nicht, aber zur Mutter hat es eine enge Bindung.

So liegt ein Tarpanfohlen kurz vor der Geburt im Bauch seiner Mutter.

Nachwuchs

Das Mauseweibchen ist alle 3–6 Wochen zur Paarung bereit. Das nennt man „brünstig". Das Nest wird gut gepolstert und ist weich und mollig warm. Schon nach nur ca. 3 Wochen werden 4–13 Junge geboren. Die Geburt dauert nicht länger als eine halbe Stunde.
Die Kleinen sind rosa, nackt, blind und haben noch verschlossene Augen.
Nach ein paar Tagen öffnen sich die Ohren, nach 2 Wochen öffnen sich die Augen und sie bekommen ihr erstes vollständiges Fell. Mäuse nennt man Nesthocker, da sie so hilflos zur Welt kommen und im Nest bleiben müssen, bis sie selbständig sind.
Mit 4 Wochen verlassen sie das Nest.
Mäuse können 8 x im Jahr Nachwuchs bekommen.
Sie werden etwa 3 Jahre alt und können in dieser Zeit ca. 200 Junge haben.
Ausgewachsen werden sie mit Schwanz etwas länger als ein Bleistift sein.

Anton, Lotte und ihre vielen Freunde und Verwandten haben es hier richtig gut. Sie bewohnen ein schönes großes Zimmer mit vielen Versteckmöglichkeiten. Sie können sich durch ein ganzes Brot oder auch ein großes Stück Käse hindurchfressen. Es ist das Paradies.

Feinde

Ihre Feinde sind Katzen, Menschen, die Schleiereule, die lautlos durch die Luft fliegt, der Fuchs und andere Wildtiere.

Neugeboren ist ein Mausjunges mit Schwanz nur so lang wie ein Streichholz. Es wiegt nur 1 g. Eine Haselnuss ist schon 3 x so schwer.

Mäuse leben gern in Sippen, also mit vielen anderen Tieren ihrer Art zusammen. Sie können sich sehr gut verschiedenen Lebensbedingungen anpassen und vermehren sich sehr schnell. So gibt es Mäuse mittlerweile überall auf der Welt. Mäuse können sehr gut riechen und hören. Eine Katze aber, die reglos vor dem Mauseloch steht, können sie nicht sehen, sie nehmen sie erst wahr, wenn sie sich bewegt.

Mäuse haben scharfe Zähne und nagen alles an, deshalb nennt man sie auch Nagetiere.
Sie hinterlassen oft eine große Verwüstung, obwohl sie täglich nur 3 g Nahrung zu sich nehmen. Aber durch ihren Kot und Urin machen sie die Nahrungsmittel unbrauchbar. Mäuse lassen sich auch anders als durch Fallen oder Gift vertreiben. Es gibt Geräte, die sehr hohe Töne produzieren, die der Mensch nicht mehr hören kann. Für die Mäuse sind diese Töne allerdings unerträglich. Deshalb flüchten sie.

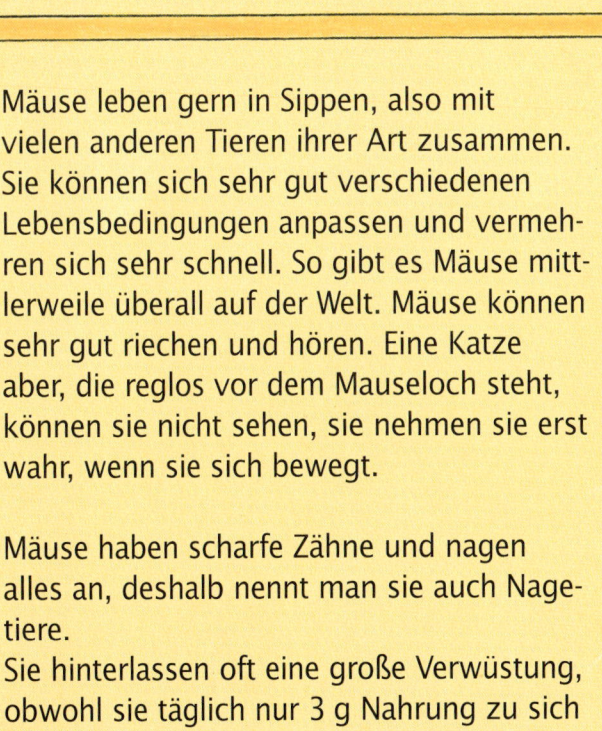

Mäuse können gut schwimmen, springen und auch klettern. Sie sind sehr schnell.

Nahrung

Käse, Getreide, Reis, Hirse, altes, hartes Brot, Kartoffeln, Gurken, Rosinen und vieles mehr. Wenn sie keine Nahrung finden, fressen sie auch Gips oder Seife.

5

Nahrung

Säugetiere von der Spitzmaus über Ratten, Igel, Hasen, Kaninchen, Hamster bis zu Rehkitzen und kleinen Füchsen. Vögel: Krähen, Tauben, Wildhühner, Enten, Eichelhäher und Auerhähne. Im Winter frisst er auch Aas.

Feinde

Der Mensch (und seine Umwelt, wie z.B. elektrische Kabel in der Luft, an denen er sich verletzen kann)

Nachwuchs

Wenn Uhuweibchen und Uhumännchen sich finden, bleiben sie ein Leben lang zusammen. Um den Nachwuchs großzuziehen, bauen sie sich selbst kein eigenes, sondern belegen lieber das Nest eines anderen Vogels. Wenn sie keinen „Horst", so heißt ihr Nest, finden, nisten sie in Felsnischen. Die Paarungszeit ist zwischen Februar und April, da sind die Uhu-Rufe besonders zu hören. Das Weibchen legt alle 2 Tage ein Ei ins Nest, bis es 2–4 Eier sind. Nach 31–37 Tagen – also kaum länger als ein Monat – sind die Eier ausgebrütet. Das Männchen besorgt in der Brutzeit und so lange, bis die Jungen das Nest verlassen, Futter für das Weibchen. Die jungen Uhus verlassen ihr Nest schon nach einem Monat. Trotzdem werden sie von den Eltern etwa 6 Monate lang versorgt. Uhus reagieren sehr empfindlich auf Störungen am Nest, sie geben dann die Brut sofort auf.

Man muss schon genau hinsehen, um das Uhupärchen Ulrich und Una in ihrem Gehege zu entdecken. Ihre Tarnung ist hervorragend.

Ein Uhu-Ei in Originalgröße; es ist weiß, glatt und etwa 45 x 57 cm groß.

Wenige Wochen alter Jungvogel

Der Uhu hat an jedem Fuß 4 Zehen mit langen, gekrümmten und spitzen Krallen. Üblicherweise ist eine Zehe hinten und die anderen drei sind vorn. Er kann aber auch eine Zehe nach hinten wenden, so dass vorn und hinten je 2 Zehen sind, so kann er sich besser auf Ästen festhalten. Einen Fußabdruck vom Uhu haben wir nicht, weil er selten auf der Erde herumläuft. Meist sitzt er auf Bäumen oder fliegt.

Der Uhu ist die größte europäische Eule. Er ist sogar größer als ein Bussard. Er wurde nach seinen unheimlichen „u-hu"-Rufen benannt. Der Uhu hat leuchtend orangerote Augen und ist etwa 70 cm lang. Er kann bis zu 4,2 kg schwer werden. Seine Federohren sind 8 cm lang. Sie haben aber nichts mit dem Hören zu tun, es sind lediglich Federn, an denen man aber die Stimmung des Uhus erkennen kann. Die Ohren sind, wie bei allen Vögeln, im Gefieder versteckt. Sein Hakenschnabel ist an der Spitze gebogen. Wenn er fliegt, hat er von einer Flügelspitze zur anderen eine „Spannweite" von 1,7 m. Das ist so viel, wie ein durchschnittlicher Mensch groß ist.

Weil der Uhu seine Augen in den Augenhöhlen nicht bewegen kann, muss er seinen Kopf drehen, um hinten etwas zu sehen. Er schafft die Drehung zum Rücken bis 270° und kann dadurch gut hinter sich sehen. Ein Uhu hat ganz weiche Federn und erzeugt somit keine Fluggeräusche. Der Uhu jagt in der Dämmerung und in der Nacht. Er kann sehr gut sehen – nachts allerdings nur schwarz-weiß.

Noch besser aber kann er hören. Er hört seine Beute, stürzt sich lautlos auf sie und verschlingt sie im Ganzen. Später würgt er die unverdaulichen Reste, wie Knochen, Federn und Haare, wieder heraus. Diese unverdaulichen Speiballen nennt man Gewölle. Sie sind oval und etwa 10–14 cm lang. Tagsüber sitzt er still auf einem Felsen oder auf Bäumen, sein Federkleid tarnt ihn.

Die beiden Otter Ottilie und Olivia haben ein schönes Gehege mit viel Platz zum Schwimmen, Plantschen, Spielen und Herumtollen. Dank der eingebauten Glasscheiben kann man sie auch unter Wasser beim Schwimmen beobachten. Mittlerweile leben auch ein paar Biber in dem Gelände.

Der Fischotter hat an der Oberseite ein dunkelbraunes bis schwarzes Fell, an der Unterseite ist er hell. Er ist etwa 80 cm lang mit einem 45 cm langen Schwanz, der ihm im Wasser als Ruder dient. (Die größten Otter leben in Südamerika und können so groß wie Menschen werden.)

Ein Fischotter kann bis zu 18 Jahre alt werden und dabei 15 kg wiegen. Die Natur hat den Fischotter besonders gut ausgestattet: Seine Nase sitzt weit oben, so kann er beim Schwimmen gut atmen. Die Ohren kann er im Wasser verschließen. Mit seinen Augen kann er auch unter Wasser klar sehen. Er kann 6–8 Minuten tauchen, ohne Luft zu holen. Seine langen Schnurrbarthaare spüren im Wasser jede Bewegung, so findet er seine Beute auch im trüben Wasser und in der Nacht. Die Füße des Otters haben Krallen zum Graben und zwischen den Zehen befinden sich Schwimmhäute, so kommt er im Wasser schneller vorwärts.

Otter graben sich einen Bau am Ufer, sein Eingang liegt etwa einen halben Meter unter Wasser. Die Höhle hat auch einen Luftschacht.

Feinde

Menschen bedrohen die Fischotter durch Wasserverschmutzung und weil sie ihre Lebensräume zerstören.

FISCH**OTTER**

Das Fell des Otters besteht aus zwei Schichten: eine weiche Unterschicht hält ihn warm und trocken, die obere Fellschicht besteht aus öligen Haaren und ist wasserabweisend.

Wegen seines Felles ist er früher viel gejagt worden. Für seine Jagd wurde eine eigene Hunderasse gezüchtet: der Otterhund. Dessen Nase ist speziell für Otterdüfte empfänglich und er ist ein gewandter Schwimmer.

Heute steht der Otter unter Artenschutz, ihn zu jagen ist verboten.

Nachwuchs

Die Paarung kann zu allen Jahreszeiten stattfinden.

Das Otterweibchen ist gut 2 Monate trächtig, dann bringt sie 1–4 Junge zur Welt. Sie trinken Milch bei der Mutter. Das Ottermännchen kümmert sich nicht um sie. Nach 8 Wochen kommen sie zum ersten Mal aus dem Bau und schwimmen. Nach 6–9 Monaten sind sie selbständig, bleiben aber noch längere Zeit bei der Mutter. Mit 2–3 Jahren können sie selbst Nachwuchs bekommen.

Nahrung

Fische, Flusskrebse, Frösche, kleine Vögel, Ratten, Bisame

BRAUN**BÄR**

Die beiden Braunbären Alma und ihr Sohn Max haben hier in Olderdissen ein 4000 m² großes Grundstück, auf dem sie sich austoben können. Es gibt dort einen Wasserfall und einen kleinen Bach und jede Menge Baumstämme zum Klettern.

Nachwuchs

Die Paarungszeit der Bären ist im Mai und Juni. Ab dem Herbst machen die Bären dann eine Winterruhe in ihrer Höhle oder in einem Erdloch, denn es gibt im Winter für sie nicht genug Nahrung. Im Februar werden dann 1–3 junge Bären geboren. Sie sind so winzig wie eine Ratte und wiegen gerade mal 200 g bei der Geburt. (Das Gewicht eines ausgewachsenen Bären ist 1500 mal größer als sein Geburtsgewicht.) Die Bärenkinder sind zunächst taub und

Vorderpfote

Die Klauen, das sind die „Fingernägel", sind an den Hinterpfoten kürzer als vorn. Vorn können sie bis zu 13 cm lang werden.

etwa 1 Monat lang blind. Mit 5 Wochen lernen sie laufen. Sie werden etwa 1 ½ Jahre gesäugt und bleiben für 2 Jahre bei der Mutter. Dann suchen sie sich ihr eigenes Revier und die Bärenmutter bekommt neue Junge.

Feinde

Bären brauchen nur den Menschen zu fürchten.

Den ersten Teddy-Bär gab es 1902, sein Erfinder war Richard Steiff. Der Name Teddy kam vom damaligen amerikanischen Präsidenten, weil der auf einer Bärenjagd einen kleinen Bären nicht erschossen hatte. Dieser Mann hieß Theodor Roosevelt und wurde von allen nur Teddy genannt.

Im Märchen wird der Bär auch „Meister Petz" genannt und gilt als lustig, klug und gemütlich. Richtige Bären sind allerdings keine Kuscheltiere, es sind Raubtiere und sie können sehr gefährlich sein. Wenn ein Bär den Kopf senkt, will er angreifen. Wenn du dich also bückst, wenn du vor einem Bären stehst, denkt er, du willst ihn angreifen. Stell dich lieber auf etwas drauf und hebe die Arme hoch, damit du größer wirkst, das schreckt ihn eher ab.

Es gibt acht verschiedene Bärenarten: den Braunbär, den Schwarzbär, den großen Pandabär, den Malaienbär, den Eisbär, den Brillenbär, den Kragenbär und den Lippenbär. Sie haben alle unterschiedliche Fellfarben.

Ein Braunbär wiegt etwa 300 kg und wird bis zu 2,5 m groß. Alle Bären können gut hören und riechen und haben ein starkes Gebiss und einen mächtigen Kopf.

Nahrung

Bären brauchen etwa 12 kg Nahrung pro Tag. Sie fressen alle Tiere von der Ameise bis zum Elch, auch Insekten und Fische, auch Aas (also tote Tiere), Honig, Blätter, Nüsse, Beeren und Wurzeln. Da der Großteil der Nahrung aus Pflanzen besteht und der Rest aus Fleisch, haben Bären Pflanzenfresser- und Fleischfresserzähne. Im Spätsommer sammeln sie bis zu 20 Stunden am Tag Beeren, das ergibt etwa 200.000 Beeren an einem Tag.

Nur die Bärenkinder des Braunbären können auf Bäume klettern, ausgewachsen sind sie viel zu schwer.

Der Bär ist ein Einzelgänger. Nur die Bärin lebt 2 Jahre mit ihren Jungen zusammen.

Füchse leben im Wald und Moor. Sie riechen sehr „streng". Fuchs und Dachs sind keine Feinde, sie teilen sich sogar manchmal einen Bau.

Füchse sind Einzelgänger, jeder hat sein eigenes Jagdrevier.

Sie können sehr gut riechen. Sie erkennen sogar am Geruch anderer Füchse, ob ein männlicher oder weiblicher Fuchs vorbeigelaufen ist.

Schon von Weitem erkennt man an dem strengen Geruch das Fuchsgehege. Hier leben Harry und Hilda. Man sieht sie tagsüber leider eher selten, denn sie gehören zu den Tieren, die nachts aktiv sind.

Füchse sind in der Nacht unterwegs; tagsüber schlafen sie meistens in ihrem Bau, in dem sie auch bei schlechtem Wetter Schutz suchen.

Der Fuchs gilt als sehr klug, listig und gewandt.

Im Märchen wird er „Reineke Fuchs" genannt.

Er hat ein dichtes rotbraunes Fell. Die Körperunterseite, das Hinterteil und die Schwanzspitze sind weiß. Die Ohren, die Beine und Pfoten dagegen sind fast schwarz.

Feinde

Mensch, Steinadler, Wildschweine

Nahrung

Kaninchen, Vögel, Enten, Hühner, Feldmäuse, Eichhörnchen, Insekten wie Käfer, Schnecken, Frösche, Fische, Regenwürmer, Beeren, Pflaumen, Trauben, und vieles mehr.
Findet er nichts, stöbert er auch mal auf Müllhalden herum.

Der männliche Fuchs,
der Rüde, legt für die Füchsin,
die man Fähe nennt, Futter vor den
Bau. Sonst kümmert er sich um
nichts.
Die Fähe zieht den Nachwuchs
alleine groß.

Nachwuchs

Die Füchsin bekommt jedes
Frühjahr Junge. Wenn die Paarungszeit da ist, bellen die Füchse und zeigen
damit, dass sie einen Gefährten suchen.

Nach nur 7 Wochen Tragezeit werden im April oder Mai
3–6 kleine Füchse geboren. Anfangs sind sie blind und
sehen eher aus wie Kätzchen. 4 Wochen lang bekommen
sie Muttermilch, dann lernen sie spielerisch das Jagen.
Mit einem Monat verlassen sie das erste Mal den Bau. Sie
tollen herum, spielen und jagen kleine Tiere.
Nach 2 Monaten lernen sie richtig Kaninchen
und Mäuse jagen. Ab und

zu versteckt die Füchsin
Futter für die Kleinen, so
lernen sie es zu wittern.
Die Füchsin geht
selbst nur jagen, wenn
die Kleinen schlafen.

Die 10 Waschbären, die hier leben, haben 2 Gehege nebeneinander. In einem befindet sich auch ein Wasserbecken, in dem sie ihre Nahrung waschen können. Manchmal traut sich Hugo an den Zaun und nimmt dankbar das Fressen aus dem Futterrohr entgegen.

Nahrung

Insekten, Schnecken, Würmer, Vogeleier, Reptilien wie Schildkröten, Echsen und Schlangen, Amphibien wie Frösche, Lurche und Salamander, Beeren, Nüsse und andere Waldfrüchte, Fische, kleine Säugetiere.

Seine Nahrung sucht ein Waschbär in der Dämmerung oder nachts.

Da er nicht schnell ist, erbeutet er nur langsame oder tote Tiere.

Feinde

Mensch, Wolf, Bär, Luchs, Puma

Nachwuchs

Die Paarungszeit des Waschbären ist im Vorfrühling.
Die Männchen paaren sich mit mehreren Weibchen.
Danach trennen sie sich sofort wieder.

60–70 Tage später, April oder Mai ist es dann, werden 7–10 Junge geboren. Sie wiegen nur 70 g, sind noch blind (wie die Braunbärenbabys), haben aber schon Fell.

Die Waschbärenjungen werden 2 Monate lang gesäugt. Nach 40–45 Tagen verlassen sie das Nest. Etwa 4 Monate bleiben sie bei ihrer Mutter, dann sind sie selbständig und gehen ihrer Wege.

Mit einem Jahr sind sie geschlechtsreif.

Der Waschbär hat seinen Namen bekommen, weil er den Eindruck macht, als würde er seine Nahrung waschen, ehe er sie frisst. (Und nicht, weil er so kuschelig und frisch gewaschen aussieht.) Dies ist aber vermutlich nur eine Art Ersatz für die fehlende Möglichkeit, Wassertiere zu erbeuten (gerade in der Gefangenschaft).

Er ist 40–65 cm groß mit einem 20–40 cm langen Schwanz. Er wird 5–15 kg schwer und kann bis zu 8 Jahre alt werden. Waschbären gibt es erst seit 1935 in Europa. Ihre Heimat ist Nord- und Mittelamerika. Man brachte ihn hierher, weil man schnell und billig sein Fell haben wollte – und er vermehrte sich schnell. Waschbären sind meist nachts unterwegs

und somit von Jägern schlecht zu fangen. Waschbären gehören zur Gruppe der Kleinbären. Sie sind überwiegend Einzelgänger.

Waschbären halten keinen Winterschlaf, sondern Winterruhe, das heißt, sie dämmern nur, ohne wirklich zu schlafen. An milden Wintertagen kommen sie auch aus dem Bau, um sich Nahrung zu suchen.

Man kann den Waschbär an seiner schwarz-weiß umrandeten „Gesichtsmaske" und seinem hell-dunkel quer gestreiften Schwanz leicht erkennen.

15

LUCHS

Der Luchs ist Europas größte Katzenart. Luchse können 60–70 cm hoch und 90–120 cm lang werden. Sie wiegen zwischen 15 und 36 kg und können bis zu 20 Jahre alt werden.

Luchse sind Nachttiere, das heißt, sie gehen nachts auf die Jagd und lie-gen tagsüber meist still herum. Sie haben ein sehr gutes Gehör, gute Augen und scharfe Zähne.

Der Luchs wird wegen seiner dunklen Haar-pinsel auf den Ohren-spitzen auch „Pinselohr" genannt.

Der Luchs gehört zur Familie der Katzen. Weltweit gibt es mehr als 40 Arten, darunter Löwe, Tiger und Leopard.

So wie Hauskatzen auch, verwenden Luchse viel Zeit für ihre Körperpflege. So haben sie fast keinen Kör-pergeruch und können bei der Jagd nicht so schnell von ihrer Beute gewittert werden.

Wenn Luchse jagen, lauern sie meist ihrer Beute auf und springen sie von oben an. Sie können 5–8 m weit springen. (Miss einmal, wie lang dein Zimmer ist, damit du eine Vorstellung hast, wie weit das ist.)

Sie können bis zu 80 km/h schnell laufen, aber nur über kurze Strecken, denn sie haben keine Ausdauer. Sie müssen ihre Beute also schnell zu fassen kriegen. Wenn sie nicht jagen oder klettern, ziehen sie – wie Hauskatzen auch – ihre Krallen ein, damit sie für die Jagd scharf bleiben. Ihre Krallen wachsen ein Leben lang nach.

Feinde

Wolf

Von der Aussichtsplattform kann man das etwa 1500 m² große und in zwei Gehege unterteilte Areal der Luchse gut beobachten. Oft sieht man Luchsmutter Rolanda oder einen ihrer drei männlichen Nachkommen Rufus, Ruppert und Rudolph auf der Plattform liegen.

und die Jungen zu versorgen, können andere Tiere wie Füchse, Marder oder Greifvögel den kleinen Luchsen gefährlich werden. Erst nach dem ersten Winter sind sie selbständig und verlassen ihre Mutter. Luchse sind Einzelgänger.

Nahrung

Luchse erbeuten Hasen, Füchse, Dachse, Mäuse und Ratten, Eichhörnchen, Wildvögel, Rehe, Schafe, junge Wildschweine und auch Rotwildkälber.

Nachwuchs

Im Winter miauen die weiblichen Luchse, dies klingt allerdings tiefer als bei der Hauskatze. Die Männchen, die Kuder, werden unruhig und suchen die Weibchen. Die Paarung findet im Frühjahr statt, etwa von Februar bis April. Danach trennen sich die Luchse wieder. Die Weibchen sind nur 2 ½ Monate trächtig, dann werden in einer Berghöhle oder im Dickicht 2–3 Junge geboren. Sie wiegen nur 200–300 g, nicht mehr als 2–3 Tafeln Schokolade. Anfangs können sie 2 Wochen lang nichts sehen. Ein halbes Jahr lang werden sie von ihrer Mutter gesäugt, doch auch in dieser Zeit bekommen sie zusätzlich Fleisch. Während die Mutter jagen geht, um sich selbst

17

ROT**WILD**

Das männliche Tier ist der Hirsch, der bis zu 2,5 m lang und bis zu 200 kg schwer werden kann. Das weibliche Tier, die Hirschkuh, ist kleiner und leichter. Das Neugeborene nennt man Kalb, ein Jahr darauf wird es ein Schmaltier.

Der Rothirsch lebt im Wald und kann bis zu 20 Jahre alt werden. Sein Geweih ist sehr begehrt, es lassen sich Trachtenknöpfe, Schnitzereien und andere Hornwaren daraus herstellen; das Fleisch ist eine Delikatesse, und aus der gegerbten Haut fertigt man feinstes, weiches Leder. Deshalb werden die Tiere seit langem gern gejagt. Mittlerweile gibt es für das Jagen feste Regeln, so dass nicht einfach irgendwelche Tiere getötet werden dürfen. Die Hirsche, die „Könige des Waldes", halten sich tags-

Für die Rothirsche Bernhard und Bruno, die Hirschkuh Svenja und alle anderen Hirschkühe und -kälber stehen hier in Olderdissen zwei große Gehege mitten im Wald zur Verfügung. Oft kommt das Rotwild an den Zaun, um sich das Futter von den Besuchern abzuholen.

über im so genannten Einstand auf, zum Äsen kommen sie in der Dämmerung aus dem Schutz des Waldes heraus.

Außerhalb der Paarungszeit leben Hirsche und Hirsch-

kühe mit ihren Kälbern und Schmaltieren in getrennten Rudeln.

Im Sommer nimmt das Rotwild Schlammbäder, um sich abzukühlen und sich die Parasiten von der Haut zu entfernen.

Nachwuchs

Kurz vor der Paarungszeit, der Brunft, Ende September bis Mitte Oktober, löst sich das männliche Rudel auf, jeder Hirsch macht sich allein auf die Suche nach den Weibchen. Jeder Hirsch versucht ein ganzes Rudel Weibchen in Beschlag zu nehmen, er röhrt aus vollen Kräften, um eventuelle Rivalen einzuschüchtern. Es werden Kämpfe mit den Geweihen ausgetragen, bis

Die Kälber haben nach der Geburt weiße Flecken, die mit der Zeit verblassen.

ein Hirsch flüchtet. Die Hirsche wollen sich allerdings dabei nicht verletzen. Es ist ein gesundes Kräftemessen, denn nur der stärkste und gesündeste Hirsch soll sich fortpflanzen. Die Chance dazu hat er etwa im Alter von 7–10 Jahren, davor ist er zu jung, danach schon zu alt. Der Platzhirsch bewacht seine Weibchen und wenn die Zeit reif ist, befruchtet oder „beschlägt" er alle Weibchen aus dem Rudel (dies können bis zu 30 sein); dies ist sehr anstrengend, zumal der Hirsch in dieser Zeit kaum etwas frisst.

Ist die Paarungszeit vorüber, gehen die Hirsche wieder zu ihren alten Einständen zurück.

Nach 8 ½ Monaten kommt dann jeweils ein Kalb zur Welt. Es wiegt etwa 7 ½ kg und kann schon eine halbe Stunde nach der Geburt stehen. Das Kleine tarnt sich durch sein rot-weiß geflecktes Fell (wie es das Rehkitz auch hat). Es strömt auch noch keinen Geruch aus, kann also von Feinden nicht gewittert werden. Mit der Zeit wird die Fellfarbe rotbräunlich, wie beim Rotwild üblich.

Nahrung

Das Rotwild ist Pflanzenfresser, es frisst die Früchte des Waldes wie

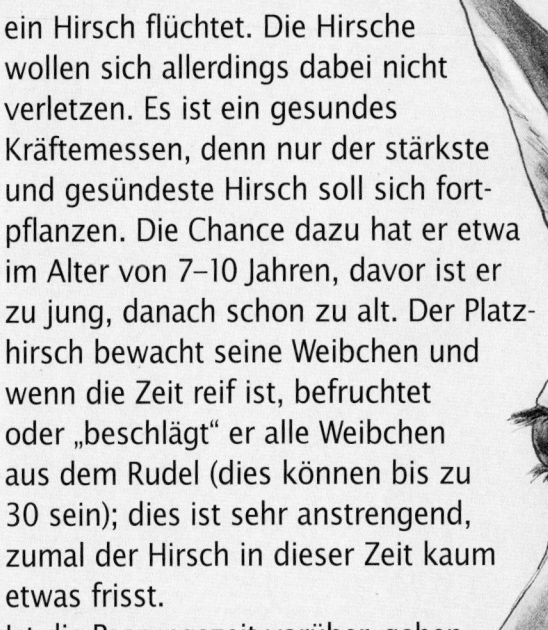

Eicheln, Bucheckern, Wildobst, Pilze (auch die für uns giftigen Fliegenpilze), Heu, Rüben, altes, trockenes Brot, Pressfutter, bei Nahrungsmangel auch die Rinde und die Jungtriebe von Bäumen. Das Rotwild ist ein Wiederkäuer, so wie die Ziege, es hat einen viergeteilten Magen.

Eine Hirschkuh ohne Geweih

Feinde

Wolf, Mensch, für schwache Tiere und Kälber auch Fuchs und Luchs

Das Wachstum des Geweihs beim Rothirsch

Zwischen Februar und April wird das alte Geweih abgeworfen, Anfang April beginnt das neue zu wachsen. In nur 100 Tagen entwickelt sich unter der feinen grauen Haut, dem Bast , ein neues, prächtiges Geweih. Dies kann bis zu 12 kg schwer werden. Anfangs sind die Geweihstangen noch weich und an den Enden rund. Sie sind sehr empfindlich gegen Berührung. Im Hochsommer stirbt das Geweih ab und härtet aus. Der Bast, der nun eintrocknet, beginnt zu jucken. Der Hirsch versucht nun den Bast an Baumstämmen, Zweigen und Büschen abzuscheuern. Dies nennt man „fegen". Dann ist das Geweih pünktlich zur Paarungszeit im September/Oktober „fertig", und die Kämpfe um die Hirschkühe können beginnen.

Die Steinböcke Ludwig, Theodor, Friedrich, Greta, Stina, Hulda und die Kitze leben hier in zwei getrennten Gehegen als Bockgruppe und als Zuchtgruppe zusammen. Sie haben einen Steinberg zum Klettern und Springen.

Das männliche Tier nennt man Bock. Er kann 120 kg wiegen und 1,4–1,7 m lang werden. Seine Hörner sind 8–10 kg schwer und bis zu 1 m lang. Das weibliche Tier nennt man Geiß; sie ist etwas zarter gebaut, etwa 1 m lang und nur bis 50 kg schwer. Ihre Hörner werden höchstens 30 cm lang. Sie benutzt sie nur als Werkzeug bei der Aufzucht ihrer Jungen, den Kitzen, oder als Verteidigung gegen Steinadler. Das Gehörn heißt Krucke. Die Hörner des Bockes sind stärker gebogen und größer als die der Geiß. Die Böcke brauchen sie zum „Hakeln", wenn sie um die Geißen kämpfen.

Die Hörner haben Wachstumsringe, die entstehen, weil ein Horn im Winter kaum wächst, im Sommer dagegen umso mehr. Vorn am Horn bilden sich wulstartige Knoten, die vom guten Gesundheitszustand der Tiere zeugen. Die Hörner wachsen lebenslang, im Alter aber langsamer. Den Alpensteinbock nennt man auch „König der Berge". Er klettert in Windeseile steile Felsen hinauf und springt über große Felsenlücken, kein Angreifer kann ihm zu Fuß folgen. Dennoch

war der Alpensteinbock fast ausgestorben. Denn mit dem Gewehr konnte man ihn auf den Felsen, wo er sich sicher fühlte, mühelos erschießen. Sein Fleisch war begehrt und auch sein Fell und seine Hörner. 1816 lebten im Gran-Paradiso-Gebiet in Italien die letzten 50 Steinböcke. Sie wurden unter Schutz gestellt und vermehrten sich. Heute gibt es wieder rund 25000 Steinböcke, die alle von diesen 50 abstammen.

Von Geburt an ist der Alpensteinbock schwindelfrei. Er kann nach dem Sprung sofort stehen bleiben. Er ist äußerst ungern allein, darum schließt er sich zu Rudeln zusammen, die entweder nur aus Böcken oder nur aus Geißen mit ihrem Nachwuchs bestehen.

Die massigen Körper des Steinbocks sind widerstandsfähig, sein Fell (im Sommer kurz, im Winter dick und lang) schützt ihn vor dem rauen Wetter. Tagsüber liegt er gern herum und döst und käut wieder. Er ist nicht sehr temperamentvoll.

Da die Hörner des Bockes so schwer sind, kann er nur fest schlafen, wenn er den Kopf zurücklehnt und sich auf seinen Hörnern abstützt oder sich komplett auf die Seite legt.

ALPEN STEINBOCK

Nahrung

Gräser, Gebirgspflanzen, Kräuter, Moos, Blätter von Büschen. Sie fressen frühmorgens und abends. Sie sind Wiederkäuer, wie die Ziegen auch.

Nachwuchs

Die Brunft findet in der kältesten Jahreszeit statt, Ende Dezember bis Januar. Die Geiß sucht sich nicht den schönsten Bock aus, sondern den, der am besten Nahrungsplatz steht. So werden unter den Böcken erbitterte Kämpfe geführt. Sie treiben sich gegenseitig den steilen Berg hinab, stoßen mit den Hörnern aufeinander. Sie brauchen Geschicklichkeit, Kondition und Taktik in diesem schwierigen Gelände. Wem es gelingt, den anderen mit seinen langen Hörnern zu Fall zu bringen, der hat gewonnen und sammelt nun einen Harem um sich. Nach der Paarung trennen sich die Steinböcke wieder. Die Geiß ist 22 Wochen trächtig und bringt dann Ende Mai, Anfang Juni 1 Junges zur Welt, welches 1 Jahr lang bei der Mutter bleibt. Das Kitz wiegt bei der Geburt 2–3,5 kg und kann wenige Tage danach seiner Mutter über die steilen Felsen folgen. Mit 4 Wochen bekommt es zusätzlich zur Muttermilch das erste Mal feste Nahrung (Moos und Gras). Die Muttertiere wechseln sich bei der Betreuung der Kleinen ab, so kann sich jede Geiß mal ausruhen. Die Lieblingsbeschäftigung der Kleinen ist das Spiel mit den Kameraden, sie üben Kämpfe und lernen ihren Körper kennen.

Feinde

Greifvögel wie z. B. Steinadler, Wölfe, Bären, Luchse und Menschen

1
2
3 Das Alter der Steinböcke kann
4 man nicht an den Wülsten
5 der Hörner ablesen, sondern an den
6 Jahresringen,
7 die auf der Rückseite besser zu erkennen
8 sind.

9 Jahre

Der Wolf hat eine Schulter-höhe von 50–100 cm, sein Schwanz ist 30–50 cm lang, er wiegt etwa 25–55 kg und kann 12–16 Jahre alt werden. Der Rüde, das männliche Tier, ist größer als die Wölfin. Die Jungen nennt man Welpen – wie bei den Hunden auch.

In diesem schönen Gehege leben die drei männlichen Wölfe Titus, Thorwald und Theo. Man muss schon genau hinsehen, um sie dort zu entdecken.

Der Wolf ähnelt sehr dem Schäferhund, nur hat er eine breitere Stirn und kürzere Ohren. Sein Fell ist hellgrau bis hell ocker-farben, meist mit etwas Schwarz darin. Es gibt aber auch ganz schwar-ze und auch ganz weiße Wölfe.

Der Wolf ist menschen-scheu. Trotzdem hat man vor langer Zeit begonnen, junge Wölfe aufzuziehen und zu zähmen. Bald dien-ten sie der Bewachung der Lager, wurden zum Aufspüren von Wild oder zum Schutz einer Herde eingesetzt. Nach und nach wurden aus dem Wolf verschiedene Hunderassen gezüchtet. Heute gibt es etwa 400 Hunderassen.

Wölfe heulen, um miteinan-der Kontakt aufzunehmen. Junge Wölfe können nicht anders, sie müssen heulen, wenn ein Rudelmitglied sie ruft. Dies machten sich Jäger zunutze, indem sie das Wolfsgeheul nach-ahmten und sich die Tiere dann durch ihren Antwort-ruf verrrieten.
Sie können auch bellen, allerdings seltener und lei-ser als Hunde. Sie tun dies – wie die Hunde auch –, um die Rudelmitglieder vor Gefahr zu warnen.

WOLF

Nachwuchs

Rüden und Wölfinnen haben jeweils ihre eigene Rangordnung. Die ranghöchste Wölfin paart sich mit dem ranghöchsten Wolf.
Die Paarung findet im Februar und März statt. Die Wölfin ist 9–10 Wochen trächtig, dann bringt sie 3–8 Welpen zur Welt. Diese wiegen bei der Geburt etwa 300–500 g und sind zunächst 2 Wochen taub und blind.

Der Rüde beschafft die Nahrung und bringt sie zum Bau, die Wölfin übernimmt die Bewachung der Kleinen.
Mit 2 Wochen lernen sie laufen. 10 Wochen lang bekommen sie Muttermilch. Danach betteln sie im Rudel um Futter. Alle füttern abwechselnd, indem sie ihre halbverdaute Nahrung wieder hervorwürgen.
Mit 3 Monaten sehen die Jungtiere aus wie ausgewachsene Wölfe, mit 6 Monaten lernen sie das Jagen.
Nach 1–3 Jahren werden sie selbst geschlechtsreif.

Das Gebiss des Wolfes

Feinde

Bär

Nahrung

Hasen, Rehe, Hirsche, Elche, Rentiere, Moschusochsen, Schafe, Schlangen, Käfer, Früchte, Vögel und auch Aas

Heulende Wölfin mit ihren Welpen

WILD**SCHWEIN**

Das weibliche Wildschwein heißt Bache, das männliche Keiler oder Eber, die Jungtiere heißen Frischlinge. Einjährige Jungtiere nennt man Überläufer. Ausgewachsen werden Wildschweine etwa 1,5 m lang und haben einen 30–45 cm langen Schwanz. Männliche Tiere werden bis zu 200 kg schwer. Wildschweine können bis zu 20 Jahre alt werden, in der Gefangenschaft sogar 30 Jahre. Sie schaffen es, aus dem Stand, ohne Anlauf, über einen Meter hoch zu springen.

Die Eckzähne der Wildschweine stehen nach außen und ragen, vor allem bei älteren Tieren, aus dem Maul heraus. Sie können 10–12 cm lang werden. Sie dienen als Waffe und für die Nahrungssuche. Keiler sind Einzelgänger. Die Bachen leben mit ihren Jungtieren in Gruppen – den Rotten – zusammen.

Nahrung

Wildschweine sind Allesfresser. Sie fressen Würmer, Mäuse, Früchte, Wurzeln, Brot, Mais, Eicheln, Kastanien, Bucheckern, Insekten, Pilze, Regenwürmer, Pflanzen, Aas, Heuschrecken und vieles mehr.

Feinde

Der Mensch

Wildschweine wälzen sich gern im Schlamm. Damit pflegen sie Haut und Fell. Gleichzeitig ist dies auch ein Schutz gegen Kälte oder Wärme. Sie reiben sich an Bäumen, um ihr Revier zu markieren. Wildschweine sind gute Schwimmer. Sie haben sehr gute Ohren – die Teller – und eine gute Nase – den Windfang. Mit ihren Augen – den Lichtern – können sie allerdings nicht besonders gut sehen. An jedem Fuß haben sie 4 Zehen. Beim Abdruck auf der Erde sind allerdings meist nur die vorderen zwei großen Zehen zu sehen. Wildschweine sind nützlich im Wald. Sie lockern den Boden auf, dann können die Pflanzen besser wachsen. Außerdem fressen sie Schädlinge wie Raupen oder Käfer.

Mit der spitzen Schnauze, dem Rüssel, wühlen Wildschweine in der Erde nach Nahrung.

24

Hier in Olderdissen haben die Wildschweine Erwin, Ernst, Edeltraut und Esther ein großes Gehege mit 2 Unterständen. Durch den nahen Teich gibt es auch genug matschige Stellen zum Wälzen.

Die männlichen Wildschweine, die Keiler, kämpfen um die weiblichen, die Bachen.

Wenn die Wildschweine älter werden, bildet sich unter dem Fell an der Schulter ein so genanntes Schild, eine Verharzung. So sind sie bei den Kämpfen vor Verletzungen geschützt.

Nachwuchs

Die Bache baut ein Nest aus Blättern, Gras und Zweigen, dies ist bis zu 1 m hoch. Nach 4 Monaten bringt die Bache im Frühjahr, Ende März/Anfang April, 4–8 Junge zur Welt.
Die sind fast völlig kahl, haben aber schon offene Augen und 14 Milchzähne! Sie sind sehr empfindlich gegen Kälte und Regen. 2 Monate lang werden sie gesäugt, jeder Frischling bekommt eine Zitze. Es gibt eine „Trinkordnung", denn nicht alle Zitzen geben gleich viel Milch. Der Kräftigste darf an die beste Zitze.

Die Streifen auf dem Fell, die so kennzeichnend für Frischlinge sind, dienen als Tarnung. Nach 6 Monaten ändert sich die Fellfarbe.

Mütter und Frischlinge schließen sich im Sommer zu einer großen Gruppe zusammen. Falls einer Bache etwas zustößt, werden ihre Kinder von einer anderen mitversorgt.

Die Keiler kümmern sich nicht um die Familie; sie führen ein Einzelgängerdasein.

HAUS ZIEGE

Die Hörner der Ziegen wachsen ein Leben lang. Man kann an ihrer Länge abschätzen, wie alt die Ziegen sind.

Genauso verhält es sich mit den Hörnern. Ziegen können bis zu 15 Jahre alt werden.

Springen und Klettern sind ihnen angeboren. Daran merkt man, dass sie mit dem Alpensteinbock verwandt sind, der ja bekanntlich auch gern klettert und springt.

Ziegen sind anspruchslos und kommen mit karger Nahrung aus.
Sie sind intelligent und gelehrig. Das Schimpfwort „dumme Ziege" ist bei ihnen ganz fehl am Platz.

Ziegen gehören zu den Huftieren. Die Zehen (Klauen) sind von einer schützenden Hornschicht umgeben, die sich beim Klettern zwar abnutzt, jedoch immer wieder nachwächst.

Ziegen sind Wiederkäuer, sie haben ein 4-teiliges Magensystem, so wie das Rotwild auch. Das Futter wird im Maul kurz vorgekaut und in den Sammelmagen, den Pansen, geschluckt. Dort wird es aufgeweicht und zum Netzmagen transportiert, wo sich das Futter zu kleinen Kugeln ballt. Diese Kugeln werden dann ins Maul hochgeholt und gründlich durchgekaut. Dabei entsteht ein Brei, der erst in den Blättermagen und schließlich in den Labmagen, den Hauptmagen, gelangt.
Solange die Zicklein gesäugt werden, müssen sie nicht wiederkäuen, obwohl sie auch ab und zu Pflanzen zu sich nehmen.

Die Hausziege stammt von der Bezoarziege ab, die heute fast ausgestorben ist.
Die männliche Ziege nennt man Bock, die weibliche heißt Geiß, die Kinder sind die Kitze, Zicklein oder Ziegenlämmer.
Männliche und weibliche Ziegen haben einen Ziegenbart, bei den Böcken ist dieser allerdings länger.

Die Ziegen Siegfried, Jana, Natascha, Wanda und ein paar andere befinden sich im Streichelzoo. Täglich kommen Kinder zu ihnen herein, um sie zu streicheln oder zu füttern.

Nachwuchs

Die Paarungszeit ist im Spätwinter. Die Geißen sind 5 Monate trächtig. Es werden 1–2 Kitze geboren. Man nennt das bei den Ziegen „Setzen" oder „Lammen". Nach der Geburt leckt die Geiß ihre Kitze sauber.

Ziegen sind „Nestflüchter", sie können schon kurz nach der Geburt stehen und ihrer Mutter folgen.

Die Kitze stoßen beim Trinken an den Euter, denn dann fließt die Milch schneller. Ihr Trinken dauert nur etwa 15 Sekunden. Sie trinken mehrmals am Tag etwa eine Tasse voll Milch. Schon mit 2 Wochen beginnen sie, Pflanzen anzuknabbern. Sie werden 2–3 Monate lang gesäugt. Mit einem Jahr können sie schon selbst Kitze zur Welt bringen.

Früher gab eine Ziege 300–400 Liter Milch im Jahr, also etwa 1 Liter am Tag. Heute gibt es auch speziell gezüchtete Ziegenrassen, die 2 Liter und mehr am Tag liefern. Ziegenmilch ist sehr gesund und nahrhaft. Sie ist leichter verdaulich als Kuhmilch und wird oft als Heilmittel verwendet. Ziegen sind vielseitige Nutztiere, sie geben Milch, Wolle, Leder und Fleisch.

Feinde

Die Hausziege hat keine Feinde, da sie ja vor Raubtieren beschützt am Haus gehalten wird.

Nahrung

Grashalme, Kräuter, Gemüse, Pflanzen, Blätter, Rinde, Brennnesseln, Disteln

Ziegenlämmer machen gern Luftsprünge.

Die Hausziege hat einen Euter mit 2 Zitzen (eine Kuh hat 4 Zitzen).

Beim Bezoarziegenbock kann das Horn bis zu 1,5 m lang werden.

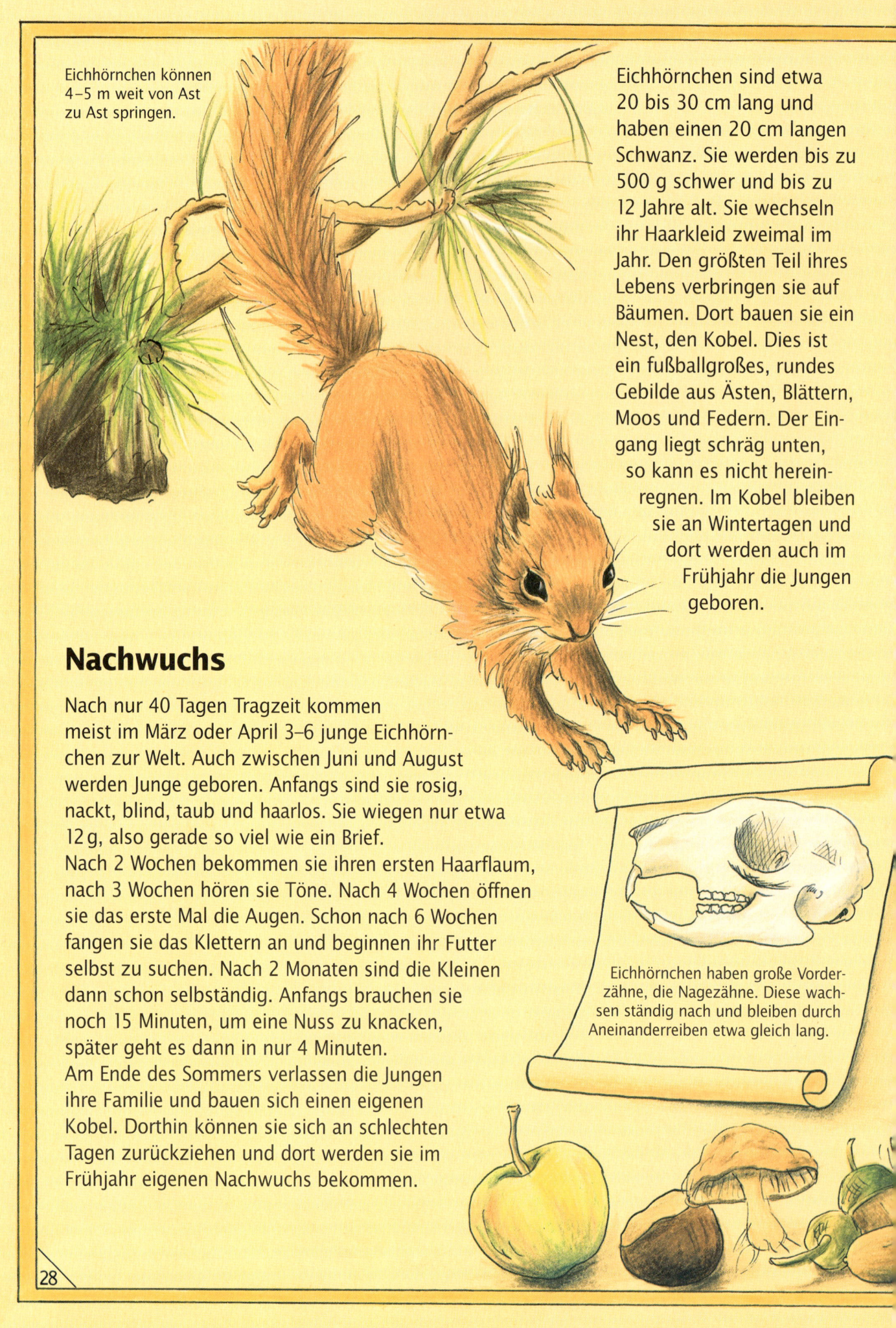

Eichhörnchen können 4–5 m weit von Ast zu Ast springen.

Eichhörnchen sind etwa 20 bis 30 cm lang und haben einen 20 cm langen Schwanz. Sie werden bis zu 500 g schwer und bis zu 12 Jahre alt. Sie wechseln ihr Haarkleid zweimal im Jahr. Den größten Teil ihres Lebens verbringen sie auf Bäumen. Dort bauen sie ein Nest, den Kobel. Dies ist ein fußballgroßes, rundes Gebilde aus Ästen, Blättern, Moos und Federn. Der Eingang liegt schräg unten, so kann es nicht hereinregnen. Im Kobel bleiben sie an Wintertagen und dort werden auch im Frühjahr die Jungen geboren.

Nachwuchs

Nach nur 40 Tagen Tragzeit kommen meist im März oder April 3–6 junge Eichhörnchen zur Welt. Auch zwischen Juni und August werden Junge geboren. Anfangs sind sie rosig, nackt, blind, taub und haarlos. Sie wiegen nur etwa 12 g, also gerade so viel wie ein Brief.
Nach 2 Wochen bekommen sie ihren ersten Haarflaum, nach 3 Wochen hören sie Töne. Nach 4 Wochen öffnen sie das erste Mal die Augen. Schon nach 6 Wochen fangen sie das Klettern an und beginnen ihr Futter selbst zu suchen. Nach 2 Monaten sind die Kleinen dann schon selbständig. Anfangs brauchen sie noch 15 Minuten, um eine Nuss zu knacken, später geht es dann in nur 4 Minuten.
Am Ende des Sommers verlassen die Jungen ihre Familie und bauen sich einen eigenen Kobel. Dorthin können sie sich an schlechten Tagen zurückziehen und dort werden sie im Frühjahr eigenen Nachwuchs bekommen.

Eichhörnchen haben große Vorderzähne, die Nagezähne. Diese wachsen ständig nach und bleiben durch Aneinanderreiben etwa gleich lang.

EICH**HÖRNCHEN**

Jedes der 5 Eichhörnchen hat seinen eigenen Schlafplatz: kleine Holzkisten mit einem Loch drin, welche an den Wänden angebracht sind. Zum Spielen haben Rosalie, Thusnelda, Waldemar, Kaspar und Hieronymus ein Laufrad und ein paar Äste zum Klettern.

Nahrung

Sie fressen fast alles: Bucheckern, Kastanien, Eicheln, Nüsse, Nadelbaumzapfen, Pilze, Beeren, Obst, Wurzeln, Insekten, aber auch Eier von Singvögeln und auch Jungvögel.

Feinde

Habicht, (Baum)Marder, Uhu, Waldkauz

Eichhörnchen sind tagsüber aktiv wie wir Menschen. Sie leben im Wald, in Parks, großen Gärten oder auch Stadtteilen mit vielen Bäumen. Sie können an Hauswänden hochklettern, ihr langer Schwanz hilft ihnen dabei, das Gleichgewicht zu halten. Leben sie im Laubwald oder in Stadtparks, so ist ihr Fell fuchsrot. Eichhörnchen, die in Nadelwäldern leben, haben meistens dunkelbraunes Fell.

Die Meerschweinchen stammen ursprünglich aus Südamerika. Kaufleute brachten sie mit Schiffen über das Meer nach Europa.
Da sie grunzten und quiekten wie Schweine und übers Meer kamen, nannte man sie Meerschweinchen.

Meerschweinchen leben gern in Sippen zusammen. Menschen gegenüber sind sie sanft und gutmütig, untereinander können sie aber auch mal aggressiv sein. Sie können gut hören und riechen, ihre Augen befinden sich seitlich am Kopf, so dass sie auch Dinge wahrnehmen, die hinter ihnen geschehen. Ihre Hinterfüße haben nur 3 Zehen, ihre Vorderfüße 4. Der Schwanz ist so kurz, dass man ihn nicht sehen kann. Die langen Tasthaare im Gesicht dienen ihnen zur Orientierung.
Wenn sie kämpfen wollen, stellen sie sich auf ihre Hinterbeine und stoßen sich gegenseitig mit den Köpfen. Ihre Mäuler stehen dabei offen. Ist ein Meerschweinchen wütend, so gähnt es, um seine scharfen Zähne zu zeigen.
Meerschweinchen fressen etwa 6 Stunden am Tag, schlafen tun sie nur 5 Stunden. Dabei schließen sie die Augen nie länger als 10 Minuten.

Nahrung

Löwenzahn, Gräser und Kräuter, Pflanzen, Obst und Gemüse wie Salat, Mais, Tomaten, Gurken, Grünkohl, Erbsen, Äpfel, Birnen, Weintrauben, und vieles mehr.

Meerschweinchen sind Nagetiere. Sie haben 20 Zähne im Mund, wobei die Vorderzähne ein Leben lang wachsen. Leben sie nicht in der freien Natur, sollte man ihnen hartes Holz geben, damit sie daran nagen können und die Zähne nicht zu lang werden.

Hier in Olderdissen fühlen sich die Meerschweinchen Pinkie und Pinkus und alle ihre Freunde sehr wohl. Sie haben ein eigenes Haus mit Garten.

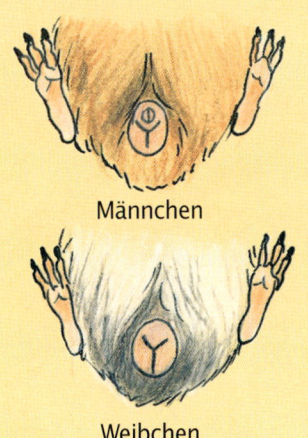

Männchen

Weibchen

Schaust du zwischen die Beine des Meerschweinchens, erkennst du sein Geschlecht.

Nachwuchs

Die Tragezeit bei Meerschweinchen beträgt 60–70 Tage. Die Geburt geht sehr schnell, ohne Geräusche und im Sitzen. Die Kleinen, es sind etwa 3–4, werden nach der Geburt sauber geleckt. Sie wiegen nicht mehr als eine Tafel Schokolade. Sie kommen schon mit Fell zur Welt, sie können hören, riechen, sehen und laufen und sind somit schon selbständig. Das müssen sie auch sein, um ihrer Mutter auf allen Wegen zu folgen. Blieben sie allein, wären sie für Raubtiere eine leichte Beute. 2–3 Wochen lang werden die Jungen gesäugt, obwohl sie ein paar Tage nach der Geburt schon beginnen, feste Nahrung zu essen.

Die Kleinen spielen sehr gern, allerdings immer nur für ein paar Minuten. Sie laufen und springen dann umher oder machen tatsächlich auch mal einen Handstand. Doch schon nach ein paar Monaten sind sie erwachsener und spielen selten.
Nach 8 Monaten sind sie ausgewachsen und ca. 30 cm groß. Weibchen wiegen bis zu 1 kg, Männchen sogar bis zu 1,5 kg.
Sie können bis zu 5 Jahre alt werden.

Feinde

Menschen, Greifvögel und Schlangen

1 Tarpan
2 Hausmaus
3 Uhu
4 Fischotter
5 Braunbär
6 Rotfuchs
7 Waschbär
8 Luchs
9 Rotwild
10 Alpensteinbock
11 Wolf
12 Wildschwein
13 Hausziege
14 Eichhörnchen
15 Meerschweincher